Topas

Der Topas gehört zur Mineralklasse der Silikate und Germanate und kann unterschiedliche Farben haben. Am häufigsten kommen die Farben gelbbraun, blau, violett und rot vor. Topas hat die chemische Formel $Al_2SiO_4(OH, F)_2$*. Für die Herkunft des Namens stehen zwei Theorien. Zum einen leitete der römische Naturforscher Plinius den Namen von der Insel Topazos ab, die im Roten Meer liegt; neueste Forschungen ergaben aber, dass auf der Insel nicht Topas, sondern Olivin abgebaut wurde und es eine Verwechslung gab. Die andere Theorie leitet den Namen vom Sanskrit-Wort tapas her, das Feuer oder Leuchten bedeutet und dem Stein aufgrund seiner Farbe gegeben wurde.*

Die größten Fundorte des Topases finden sich in Flusssedimenten in Brasilien, aber auch in Afghanistan, Algerien und Burma. Das größte Vorkommen in Deutschland befindet sich am Schneckenstein im Vogtland. Aus diesem Fundort stammen auch die berühmten geschliffenen Topase des Schmucks von August dem Starken, der heute im Grünen Gewölbe zu Dresden zu bewundern ist. Ebenso wurden Steine für die englische Krone verwendet.

Der größte jemals gefundene Topaskristall wog 271 Kilogramm.

Hildegard von Bingen

Die Kraft der Heilsteine

Topas

benno

Die ganze Natur sollte dem
Menschen zur Verfügung stehen,
auf dass er mit ihr wirke,
weil ja der Mensch ohne sie
weder leben noch bestehen kann.

Hildegard von Bingen

Der Topas wächst um die neunte Stunde des Tages in der Glut der Sonne, kurz vor der neunten Stunde. Denn dann ist die Sonne am wenigsten getrübt von Tageshitze und Luftveränderungen.
Er ist nahezu feurig und heiß, hat nur wenig Luft und Wasser in sich und ist hell.

Seine bräunliche (‚brunuar‘) Helligkeit ähnelt ein wenig der des Wassers, aber seine Farbe ist dem Golde ähnlicher als der Farbe sandgelb (‚glarico‘), und er widersteht dem Gift und der ‚fechnisse‘ (feindlichem Anschlag) und duldet sie nicht, wie auch das Meer nichts Gemeines in sich dulden kann. Denn wenn in Brot oder Fleisch oder Fisch oder in irgendeiner Speise oder in Wasser oder Wein oder in irgendeinem Getränk Gift ist und dann ein Topas in der Nähe ist, dann schwitzt er sofort, so wie das Meer ‚schumt‘ (schäumt), wenn großer Schmutz in ihm ist.

Dieser Stein wächst [...], wenn die Sonne fern von den wechselnden Luftzuständen wie Hitze, Kälte, Regen oder Wind ihre Bahn zieht; deshalb hält sich der Topas auch fern von Giften und anderen todbringenden und verruchten Dingen und zeigt diese durch Veränderung seines Aussehens an. Denn wenn die Sonne aufgeht, erhebt sich mit ihr zusammen auch die Witterung, sei sie nun regnerisch oder windig oder von sonst einer meteorologischen Qualität. Wenn dann die Sonne zur Mittagszeit zu sinken beginnt, zieht auch die Witterung sich zurück und verschwindet. Daher distanziert sich auch der Topas, der um die neunte Stunde wächst, von todbringenden Mitteln, die bei wechselhaftem Wetter zubereitet werden, und duldet sie nicht. [...]

Auch wer an Sehschwäche leidet, lege einen Topas drei Tage und Nächte in reinen Wein und ‚bestriche' (bestreiche) dann bei Einbruch der Nacht, bevor er schlafen geht, mit dem so angefeuchteten Topas seine Augen, und zwar so, dass die Feuchtigkeit auch das Innere der Augen ein wenig benetzt. Nach Herausnahme des Steins kann er diesen Wein fünf Tage lang aufbewahren, und sooft er seine Augen zur Nacht ‚bestrichen' will, tauche er zuerst den Topas in ebendiesen Wein und streiche mit dem so befeuchteten Stein, wie oben angegeben, rings um die Augen. Das tue er immer wieder, wobei er jeweils nach fünf Tagen neuen Wein mit dem Topas aufbereitet; es wird seine Augen hellsichtig machen wie die beste Augensalbe. Denn die Wärme und die Kraft dieses Steins verjagen in Verbindung mit der Wärme und der Stärke des Weins die üblen Säfte der trüb gewordenen Augen.

Wird der Mensch in seinen Sinnen berührt, so macht ihn das wachsam in allen Dingen, denn die Sinne wecken die Seelenkräfte, weil der Leib das Gefäß der Seele ist.

Hildegard von Bingen

Wenn jemand Fieber hat, grabe er mit dem Topas drei kleinere Gruben in ein weiches Brot, gieße Wein in dieselben und fülle, wenn der Wein versickert ist, von neuem Wein nach. Dann betrachte er sein Gesicht in dem Wein, den er in die Gruben gegossen hat, wie in einem Spiegel und spreche: „Ich sehe mich an wie in dem Spiegel, in dem Cherubim und Seraphim Gott anschauen, auf dass Gott dieses Fieber von mir vertreibe." So verfahre er immer wieder, und er wird geheilt werden. Denn Gott hat der Erde Getreide und Wein zugeteilt, so wie er den übrigen Geschöpfen Fleisch, Blut und Saft gegeben hat. Aus dem Grund soll mit der Kraft des Topas in jenem ‚Fleisch', d.h. in dem Brot, eine Grube bereitet werden, weil dieser Stein um die Zeit der Sonnendeklination wie in einer Grube wächst.

Ferner soll in diese Grube ‚Blut', d. h. Wein gegossen werden, und der Mensch, der Fleisch und Blut ist, sich mit der erwähnten Beschwörung in ihm betrachten, damit durch die Kraft des Topas und die Stärke des Weins und die Wirkung der heiligen Worte die üblen Säfte, die in ihm toben, vertrieben werden.

Wer aussätzig ist, erwärme einen Ziegel kräftig, lege Haferspreu darüber, so dass sie dampft, und halte den Topas über jenen Dampf, bis er schwitzt. Diese Ausdünstung ‚striche' (streiche) er über die von der Lepra befallene Stelle. Wenn er das getan hat, nehme er gutes Öl, vermische es mit einem Drittel Veilchensaft und salbe mit diesem Öl die von der Lepra befallene Stelle, die vorher mit der Ausdünstung des Topas benetzt worden war. Das wiederhole man häufig, und die Lepra wird aufbrechen, und es wird dem Menschen besser gehen, wenn ihm nicht der Tod bestimmt war. Denn der Ziegelstein ist von der Erde, und der Hafer wächst aus harter Erde, und mit dem Ziegel wird eine Hitze erzeugt, aus der der heilkräftige Dampf des Hafers hervorgeht.

Und weil Ziegel und Hafer die Erzeugnisse reiner Arbeit sind, hält man den Topas, der eine reine Natur besitzt, darüber, auf dass er schwitze. Dieser ‚Schweiß' nun beseitigt den unreinen und exzessiven flüssigen Schmutz, und die Milde und Wärme des Öls, vermischt mit dem milden und kühlen Veilchensaft, heilt die Wunden der Lepra.

Die Seele liebt in allen Dingen das diskrete Maß. Wann auch immer der Körper des Menschen ohne Diskretion isst und trinkt oder etwas anderes dieser Art verrichtet, werden die Kräfte der Seele verletzt. In allen Dingen soll sich der Mensch selbst das rechte Maß auferlegen.

Hildegard von Bingen

Wer an der Milz leidet oder wer innerlich von Fäulnis befallen ist, gleichsam in seinem Körperinneren verfault, lege den Topas fünf Tage in einen richtig zubereiteten Gemüsesalat. Dann nehme er den Topas heraus und lege ihn feucht fünf Tage lang in reinen Wein. Hierauf nehme er den Topas weg, bringe jenen Wein zum Sieden, so dass er dampft, halte den Topas über den Dampf, bis er schwitzt, so dass seine Ausdünstung sich mit dem Wein vermischt. Danach lege er den Stein für eine kurze Stunde in eben diesen Glühwein, nehme ihn dann wieder heraus und bereite mit jenem Wein ein geschmalzenes oder ungeschmalzenes ‚sufen' (Suppe) oder ein Brühlein. Das schlürfe er mehrfach, und seine Milz wird geheilt und die innere Fäulnis vermindert. Der Salat hat nämlich nicht aus sich selbst, sondern von anderswoher seine Wirkkraft: Wenn der Topas in ihn gelegt wird, zieht der Topas alle Kräfte, die der Salat aufweist, an sich, so dass der Salat von da an zu nichts weiter taugt. Hierauf lege man den Stein in Wein. Dieser bezieht seine Kraft nicht von anderswoher, sondern aus sich selbst, und so gießt der Topas die Kräfte, die er aus seiner Natur hat, in diesen Wein. Und wenn er [der Topas] zudem über den Weindampf gehalten wird, vermischt sich sein guter und kräftiger ‚Schweiß' mit dem Wein. Auf diese Weise reduziert die mit allen Kräften des Topas und der Wärme des Schmalzes temperierte und vom Menschen eingenommene Speise die schädlichen Säfte, unter denen die Milz leidet und aus denen die innere Fäulnis entsteht.

Lege auch täglich den Topas morgens auf dein Herz und sprich: **„Gott, der groß ist über allen und in allen, möge mich um seiner Ehre willen nicht verwerfen, sondern mich in seinem Segen erhalten, bestärken und befestigen.“** Solange du das tust, wird dich das Unheil meiden. Denn weil der kräftereiche Topas wächst, wenn die Sonne zu sinken beginnt, hat er von Gott die Macht, Ungemach vom Menschen abzuwenden. Verjagt er doch die bösen Geister vom Menschen, so dass sie ihn nicht dazu verleiten können, etwas zu tun, wodurch er zum Ärgernis würde.

Die Liebe ist in allen Dingen

gleichsam die Seele und das Auge. In dieser Liebe schließt sich der Lauf der Welt. Liebe ist die volle Wirklichkeit des Guten.

Hildegard von Bingen

Bibliografische Information der Deutschen Nationalbibliothek
Die Deutsche Nationalbibliothek verzeichnet diese Publikation in der Deutschen Nationalbibliografie; detaillierte bibliografische Daten sind im Internet über http://dnb.d-nb.de abrufbar.

Texte:
Seite 8-27: „Der Topas" aus: Hildegard von Bingen,
Das Buch von den Steinen © Otto Müller Verlag, 4. Auflage,
Salzburg 2006

Fotos:
Titel: © jovica antoski/Fotolia.com; © Igor Kaliuzhnyi/Shutterstock (Topas)
Seite 2/3, 30/31: © Myotis/Shutterstock
Seite 4/5ff: © Igor Kaliuzhnyi/Shutterstock (Topas, Paginierung)
Seite 14/15: © Alexandru Cristian Ciobanu/Shutterstock
Seite 19: © Linda/Shutterstock
Seite 22/23: © Mike Haufe/Fotolia.com
Seite 26/27: © Christophe Testi/Shutterstock
Seite 28/29: © Andreas Karelias/Fotolia.com

Besuchen Sie uns im Internet:
www.st-benno.de

ISBN 978-3-7462-2883-9

Stammerstr. 11, 04159 Leipzig
Zusammenstellung: Volker Bauch, Leipzig
Umschlag: Ulrike Vetter, Leipzig,
Gestaltung und Gesamtherstellung: Arnold & Domnick, Leipzig (A)